NIVEL
2

Los tiburones

Anne Schreiber

SCHOLASTIC INC.

Para Ben, quien me enseñó a querer a los animales poco queribles.
—A. S.

ISBN 978-1-338-03033-4 • 10 9 8 7 6 5 4 3 2 1   16 17 18 19 20
Printed in the U.S.A.   40 • First Scholastic Spanish printing, 2016

Tapa: Tim Davis/CORBIS; Portada: Jeffrey L. Rotman/Getty Images; 2-3: Gary Bell/Oceanwidelmages.com; 4-5: David Fleetham/Mira/drr.net; 6 (recuadro), 18 (abajo, derecha): Shutterstock; 6-7, 11, 32 (arriba, izquierda): Mark Conlin/V&W/Image Quest Marine; 7 (recuadro), 18 (al medio), 19 (arriba), 32 (abajo, izquierda): Bob Cranston/SeaPics.com; 8-9, 18 (arriba), 18 (abajo, izquierda), 32 (abajo, derecha): Doug Perrine/SeaPics.com; 10: Niall Benvie/Nature Picture Library; 12-13, 22 (abajo), 32 (al medio, ambos): Masa Ushioda/SeaPics.com; 14-15: Kike Calvo/V&W/Image Quest Marine; 16-17, 19 (abajo), 32 (arriba, derecha): Jeff Rotman/SeaPics.com; 20-21: David Doubilet/National Geographic Image Collection; 22 (arriba): James D. Watt/SeaPics.com; 22-23 (imagen del premio): Photodisc/Getty Images; 23 (ambos): C&M Fallows/SeaPics.com; 24-25: Espen Rekdal/SeaPics.com; 26-27: Gary Bell/SeaPics.com; 28: Steve Robertson/ASP/Covered Images/Getty Images; 29: Noah Hamilton Photography; 30-31: David D. Fleetham/SeaPics.com

Tabla de contenidos

¡CHAC!

¿Qué es rápido?
¿Qué se mueve en silencio?
¿Qué tiene cinco filas de dientes?
¿Qué se desliza por el agua?
¡CHAC!
¡Es un tiburón!

Los tiburones viven en todos los océanos de la Tierra. Han habitado la Tierra por muchos años. Los tiburones existían aún antes que los dinosaurios.

TIBURÓN OCEÁNICO
DE PUNTAS BLANCAS

CARTÍLAGO: El cartílago es liviano, fuerte y elástico. La punta de tu nariz está hecha de cartílago. ¿Sientes lo suave que es?

La parte de arriba de las aletas traseras de los tiburones es más grande que la parte de abajo. Esto los ayuda a deslizarse mejor por el agua.

TIBURÓN MARTILLO

El tiburón es un pez. Pero el tiburón no es como los otros peces. Los tiburones no tienen huesos. Tienen cartílagos suaves. El cartílago los ayuda a dar vueltas y girar. El cartílago los ayuda a moverse y doblarse.

Si el tiburón pierde un diente, un diente nuevo cambia de lugar para reemplazarlo.

La piel de los tiburones se siente despareja y áspera. Es dura como el papel para lijar. Protege a los tiburones y los ayuda a nadar más rápido.

Tiburones crías

Los tiburones bebés se llaman crías.
Algunas crías crecen adentro del cuerpo
de sus madres. Otras nacen de huevos.

TIBURÓN LIMÓN

Las crías del tiburón limón crecen adentro del cuerpo de su madre. La madre tiburón limón va a aguas poco profundas para dar a luz. Las crías se quedan en esas aguas poco profundas hasta que crecen.

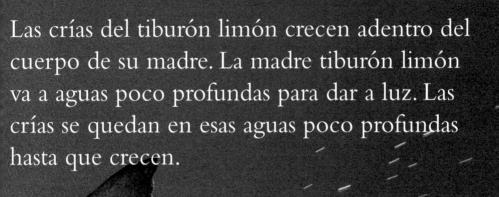

Estos peces se llaman rémoras. Nadan alrededor de los tiburones y comen lo que ellos dejan.

CRÍA DEL TIBURÓN LIMÓN

CARTERA DE SIRENA

Las crías del tiburón gato hinchado nacen de huevos. Las madres tiburones ponen los huevos en cápsulas duras. A estas cápsulas se les llaman carteras de sirena.

Una cría saliendo de su cápsula de huevo.

CRÍA DEL TIBURÓN GATO HINCHADO

Las madres tiburones gato hinchado ponen hasta cinco cápsulas a la vez. En nueve meses, nacen las crías de los tiburones.

Las crías crecen

TIBURÓN NODRIZA

MORDISCÓN DE PALABRAS

DEPREDADORES: Animales que comen otros animales.
PRESAS: Animales que son comidos por otros animales.

Cuando las crías del tiburón crecen, se convierten en depredadores increíbles. Tienen muchas formas de atrapar a sus presas. ¿Sabías que un tiburón puede oler sangre a muchas millas de distancia? Puede oler una gota de sangre entre 25 millones de gotas de agua en el océano.

Los tiburones ven mejor que los humanos. Aún en aguas profundas y oscuras, el tiburón puede ver a su presa.

Los tiburones comen un bocado de la presa antes de comérsela entera. Sus papilas gustativas les indican si la presa está lo suficientemente gorda para comerla.

TIBURÓN BLANCO

Qué dientes tan grandes tienes

TIBURÓN TORO

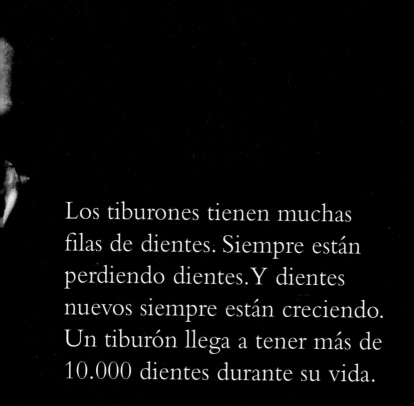

Los tiburones tienen muchas
filas de dientes. Siempre están
perdiendo dientes. Y dientes
nuevos siempre están creciendo.
Un tiburón llega a tener más de
10.000 dientes durante su vida.

Los diferentes tiburones tienen dientes diferentes. Sus dientes son perfectos para lo que comen.

Los dientes largos y afilados son para agarrar.

Los dientes planos son para moler.

Los dientes serrados son para rasgar.

MORDISCÓN DE PALABRAS

SERRADO: Cuando algo está serrado, tiene un borde dentado, como la hoja de una sierra.

¡Increíble! Los tiburones prehistóricos tenían dientes enormes: ¡medían hasta seis pulgadas! Menos mal que ya están extintos.

DIENTE DEL MEGALODÓN

El megalodón es un tiburón prehistórico. Los científicos armaron un modelo de la mandíbula del megalodón en tamaño real y colocaron los dientes que habían encontrado. Puedes imaginarte lo grande que era este tiburón.

19

¡Imagínate!

Un tiburón gigante se desliza por el agua.
Alguien está nadando cerca.
El tiburón se acerca.
Es enorme.
Abre su boca gigante y...

TIBURÓN BALLENA

...se traga una ola de agua.
No le pasa nada a la persona que
está nadando. El tiburón es un
tiburón ballena. Los tiburones
ballena son los tiburones más
grandes. Pero tienen dientes muy
pequeños. Comen pequeños
animales que se llaman plancton.

Tiburones premiados

Hay aproximadamente 375 diferentes tipos de tiburones.

El tiburón martillo tiene la cabeza con forma de un gran martillo. Su cabeza ancha es perfecta para cazar.

EL MÁS EXTRAÑO
El tiburón martillo

El tiburón pigmeo espinudo mide aproximadamente ocho pulgadas. Su panza brilla en la oscuridad.

EL MÁS PEQUEÑO
El tiburón pigmeo espinu

1er PUESTO

EL MÁS ESCALOFRIANTE
El gran tiburón blanco

Cuando un tiburón blanco muerde a su presa, los ojos se le ponen en blanco. Esto le protege los ojos.

1er PUESTO

EL MÁS RÁPIDO
El tiburón mako

El tiburón mako es el tiburón más rápido. Puede nadar con una velocidad de hasta 20 millas por hora. Los tiburones makos saltan del agua para agarrar a sus presas.

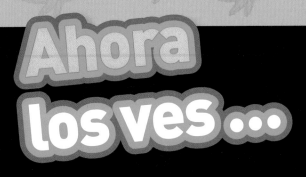

Ahora los ves...

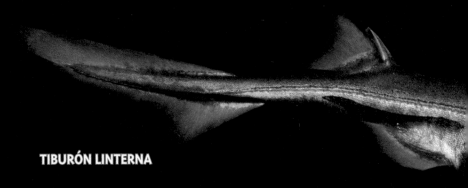

TIBURÓN LINTERNA

¡Algunos tiburones brillan en la oscuridad! ¿Ves algo brillante en el agua? ¡Cuidado! El pequeño tiburón linterna está cubierto de una baba fosforescente.

El tiburón linterna es un tiburón de aguas profundas. Muchos animales de aguas profundas brillan en la oscuridad. Los científicos creen que el brillo puede ayudar a los depredadores a atraer a sus presas.

...Ahora no los ves

La mayoría de los tiburones son difíciles de ver. Tienen la espalda oscura. Desde arriba, se camuflan en el agua. Tienen una panza blanca. Desde abajo, se camuflan con el cielo.

TIBURÓN ALFOMBRA

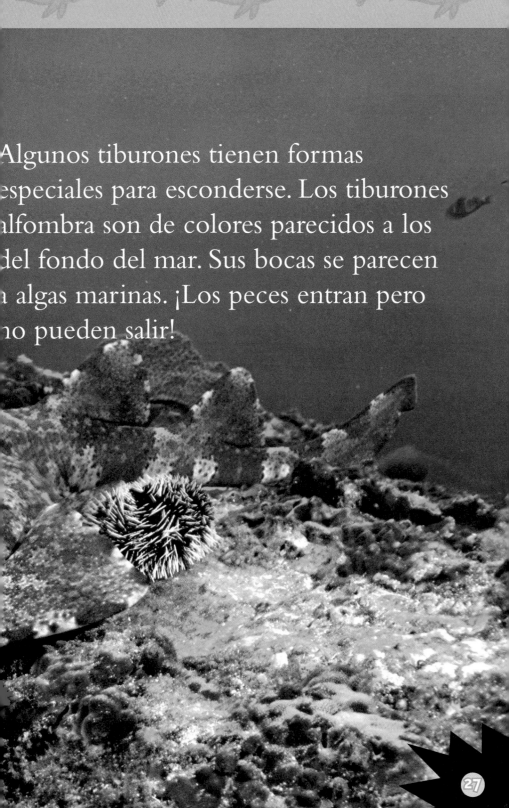

Algunos tiburones tienen formas especiales para esconderse. Los tiburones alfombra son de colores parecidos a los del fondo del mar. Sus bocas se parecen a algas marinas. ¡Los peces entran pero no pueden salir!

¡Ataque de tiburón!

Un día, Bethany Hamilton estaba surfeando. De repente, un tiburón tigre la atacó. La agarró mientras ella estaba acostada sobre su tabla de surf. Mordió la tabla. Y también agarró el brazo izquierdo de Bethany.

Después del ataque, Bethany quiso seguir surfeando. No tiene miedo de meterse al agua. Sabe que los ataques de tiburones no son comunes.

Bethany dice, "Una cosa no ha cambiado: cómo me siento cuando estoy arriba de una ola".

¿Ataque humano?

Los ataques de tiburones son espantosos y terribles. Los tiburones pueden ser peligrosos para las personas. Pero las personas son más peligrosas para los tiburones. Millones de tiburones mueren en redes usadas para pescar. A otros los matan a propósito.

Muchos tipos de tiburones podrían quedar extintos. Los tiburones han estado en la Tierra durante millones de años. Tanto los tiburones como las personas tienen que aprender a compartir el océano.

TIBURÓN GRIS

CARTÍLAGO
El cartílago es liviano, fuerte y elástico. Los esqueletos de los tiburones son de cartílago.

EXTINTO
Las plantas y los animales extintos ya no viven en la Tierra.

DEPREDADOR
Un depredador es un animal que come a otros animales.

PRESA
Una presa es un animal que es comido por los otros animales.

PREHISTÓRICO
Un período de la vida de la humanidad anterior a todo documento escrito.

SERRADO
Cuando algo está serrado, tiene un borde dentado.